BEI GRIN MACHT SICH IHR
WISSEN BEZAHLT

- Wir veröffentlichen Ihre Hausarbeit,
  Bachelor- und Masterarbeit

- Ihr eigenes eBook und Buch -
  weltweit in allen wichtigen Shops

- Verdienen Sie an jedem Verkauf

**Jetzt bei www.GRIN.com hochladen
und kostenlos publizieren**

Tobias Döring

Die Sächsische Verfassung von 1831 - Zwischen Konstituierung der monarchischen Herrschaft und Öffnung des politischen Systems

GRIN Verlag

Bibliografische Information der Deutschen Nationalbibliothek:

Die Deutsche Bibliothek verzeichnet diese Publikation in der Deutschen National-
bibliografie; detaillierte bibliografische Daten sind im Internet über http://dnb.d-
nb.de/ abrufbar.

Impressum:

Copyright © 2011 GRIN Verlag GmbH
Druck und Bindung: Books on Demand GmbH, Norderstedt Germany
ISBN: 978-3-656-04176-4

Dieses Buch bei GRIN:

http://www.grin.com/de/e-book/181158/die-saechsische-verfassung-von-1831-zwi-
schen-konstituierung-der-monarchischen

GRIN - Your knowledge has value

Der GRIN Verlag publiziert seit 1998 wissenschaftliche Arbeiten von Studenten, Hochschullehrern und anderen Akademikern als eBook und gedrucktes Buch. Die Verlagswebsite www.grin.com ist die ideale Plattform zur Veröffentlichung von Hausarbeiten, Abschlussarbeiten, wissenschaftlichen Aufsätzen, Dissertationen und Fachbüchern.

Besuchen Sie uns im Internet:

http://www.grin.com/

http://www.facebook.com/grincom

http://www.twitter.com/grin_com

Technische Universität Dresden
Philosophische Fakultät
Institut für Geschichte
Lehrstuhl für Sächsische Landesgeschichte
Sommersemester 2011

Proseminar: Reform und Restauration. Sachsen 1763 bis 1831

Seminararbeit

zum Thema:

– Die Sächsische Verfassung von 1831 –

Zwischen Konstituierung der monarchischen Herrschaft und Öffnung des politischen Systems

Verfasser: Tobias Döring

Studiengang: 6. FS. Politikwissenschaft / Humanities
Datum: 23. September 2011

Inhaltsverzeichnis

1 Einleitung – Stände, Volksrepräsentation und Volkssouveränität

Mit der Verfassungsgebung von 1831 wurde in Sachsen der Grundstein für einen umfangrechen Reformprozess gelegt, der in der Geschichte Sachsens bis dato wohl die größten Veränderungen brachte. Dieser Prozess fand nach Karlheinz Blaschke seinen Abschluss mit der Abschaffung der Patrimonialgerichtsbarkeit im Jahr 1856 und der Gewerbefreiheit 1861.[1] Die Bewertung dieser von oben gegebenen Reform sieht bei Blaschke wie folgt aus:

„In diesem Schriftstück lief wie in einer Sammellinse alles das zusammen, was sich an Wünschen Hoffnungen, Forderungen und Notwendigkeiten in Richtung auf die Neuordnung der öffentlichen Verhältnisse aufgestaut hatte, und es ermöglichte von nun an die Durchführung aller jenen Maßnahmen, die für den wirtschaftlichen und gesellschaftlichen Fortschritt notwendig waren."[2]

Der Euphemismus mit dem Blaschke die *Vollständigkeit* der Reformmaßnahmen beschreibt, muss unweigerlich die eigene Skepsis wecken. Als wäre das gegebene Verfassungswerk das Beste, was jemals für diese Situation hätte geschrieben werden können. Verstärkt durch die Tatsache, dass von anderen Autoren diese Verfassung vielmehr als Kompromiss oder eine „Verständigung zwischen der Krone und den Ständen"[3] bewertet wird. Ein Kompromiss zwischen den Herrschenden, in dem alle „Wünsche, Hoffnungen, Forderungen und Notwendigkeiten" Berücksichtigung fanden? Was in einer zurückschauenden Perspektive vielleicht wie „Fortschritt" aussieht, besonders dann wenn man mit dem Fortschritts-Begriff ein bestimmtes gesellschaftliches Bild vor Augen führt, kann zu der vorschnellen Annahme von Kontinuität verleiten. Alles was dann nicht auf dieses Kontinuum des „Fortschritts" passt, fällt an den Seiten ab und droht vergessen zu werden. Damit wäre der ordentlichen Geschichtsschreibung wenig Gutes getan.

An dieser Stelle soll uns die *politische Teilhabe* näher interessieren, denn sie gehörte zu einer der fundamentalsten und gleichzeitig innovativsten Forderungen, welche die Verfassungsgebung begleiteten. Der Wunsch nach politischer Partizipation ging besonders von denen aus, die vorher nicht an der Politik teilhaben konnten. Daher ist die Öffnung des politischen Systems für bestimmte Gruppen, Schichten oder Stände einer der Punkte, wofür die politische Führungselite die größte Überwindungskraft aufbringen musste, denn mit der Teilhabe anderer Bevölkerungsteile an der Politik schwindet auch die eigene Macht, beziehungsweise die Macht eines bisher dominierenden Standes. Die tatsächlichen Forderungen nach politischer Teilhabe schwanken, wie im nächsten Kapitel noch gezeigt wird, zwischen *Volksrepräsentation* und *Volkssouveränität*. Daher soll uns die vorangestellte Definition dieser beiden Begriffe dazu dienen, die Veränderungsprozesse an diesen Begriffen zu bewerten. Ergänzend dazu wird auch der Begriff der *Stände* expliziert, da von ihm ausgehend, das Verständnis von politischer Herrschaft ergründet werden muss.

---

1 Vgl.: Blaschke 2002: 576
2 Ebenda.
3 Mester 2003: 63.

Der Begriff der *Volksvertretung* beziehungsweise *Volksrepräsentation* bezieht sich in erster Linie auf ein politische Institution, in der die Interessen des Volkes gegenüber der politischen Führung vertreten werden. Heute heißen diese Organe der Volksvertretung Parlamente und können einen mehr oder minder großen Einfluss auf die Regierungen ausüben. Zumeist waren und sind diese Organe des Volkes auch unmittelbar an den politischen Entscheidungen wie Gesetzgebung und Haushaltsplanung beteiligt, weswegen sie als *Legislative* bezeichnet werden können. Legislative und Volksvertretung sind aber keine deckungsgleichen Begriffe, denn in die Legislative kann mitunter die Regierung einbezogen sein, so wie das in Deutschland der Fall ist. Auch werden legislative Kompetenzen nicht mit dem Begriff der Volksvertretung impliziert, sondern resultieren aus der notwendigen Einflussnahme auf die Regierungstätigkeit. Hier ist die Gesetzgebung und die Haushaltsführung einer der wichtigsten Handlungsfelder, über die eine Kontrolle der politischen Führung erfolgen kann. Ein weiterer, eher idealtypischer Anspruch an ein Organ der Volksrepräsentation ist, dass sich in ihm alle gesellschaftlichen Gruppen, Schichten und Minderheiten wiederfinden, wie sie auch in der Gesellschaft vertreten sind. Die Volksvertretung steht also auch für ein möglichst proportionales Abbild der Vielfalt einer Gesellschaft. Das dem nie ganz Rechnung getragen werden kann, scheint offensichtlich.[4]

Der Begriff der *Volkssouveränität* beleuchtet hingegen die Legitimation eines politischen Systems. Während der Absolutismus sich durch eine gottgewollte Ordnung legitimiert, verpflichtet sich die Volkssouveränität der demokratischen Legitimation. Die Kernaussage der Volkssouveränität, dass alle Staatsgewalt auf Dauer vom Volke ausgehe, setzt voraus, dass auch die Regierung demokratisch gewählt wird. Daher sind monarchische Herrschaft und Volkssouveränität zwei unvereinbare Modelle, da mit dem Schwenk auf eine demokratische Legitimation direkt auch die traditionelle Legitimation des Monarchen in Frage gestellt wird.[5]

Der Begriff der *Stände* verweist grob verallgemeinert in seiner politischen Dimension auf die an der Herrschaft beteiligten gesellschaftlichen Großgruppen, die sich in einer hierarchisch gegliederten Gesellschaft bewegen. Verbindendes Merkmal der Mitglieder eines Standes waren unter anderem soziale und rechtliche Gemeinsamkeiten. Speziell für die sich entwickelnde europäische Staatlichkeit im 19. Jahrhundert waren Stände „meist die 'ganz oben in der Hierarchie' angesiedelten, 'privilegierten' Zusammenschlüsse von Körperschaften gleicher Art, denen, zusammen mit dem Fürsten die allgemeine Leitung der Angelegenheiten der Gemeinschaft"[6] oblag. Alle Stände haben gemein, dass sie sich entweder durch ihre „sozio-ökonomische" Potenz auszeichneten oder sie entsprangen den „autonomen lokalen Gewalten des Landes", oder beides. Auf jeden Fall gab es für die Herrschenden gute Gründe, ihre Kommunikation mit diesen einflussreichen Gruppen zu verdichten und sie in die Politik einzubeziehen. Daraus formte sich

---

4   Vgl.: Holtmann 2000: 341. Hierzu auch vgl. die Definition von „Volksvertretung" aus dem Brockhaus (2001).
5   Vgl.: Ismayr 2000: 748.
6   Bömelburg 2010: 825.

über die Jahrhunderte die ständische Organisation des Staates, wie sie für die europäische Neuzeit prägend war.[7]

2 Staatsreform von „oben"? - Sachsen auf dem Weg zur Konstitutionellen Monarchie

Erste Rufe nach einer Homogenisierung des sächsischen Staatsgebietes wurden bereits auf den Landtagen von 1793, 1799 und 1805 geäußert, wobei die Forderungen nach einer Staatsreform ebenso die komplizierte und ineffektive Verwaltungsgliederung betraf. Aber auch die Forderung nach Steuergerechtigkeit, die sich primär gegen die Privilegierung des Adels richtete, war eines der zentralen Themen auf den Landtagen. Begleitet wurden diese Versammlungen der Stände durch eine rege Publikation von Druckschriften, in denen über die auf den Landtagen geäußerten Reformvorschläge heftigst gestritten wurde. Offensichtlich wurden die Mängel im Staatswesen dann mit der Eingliederung Sachsens in den Rheinbund im Jahr 1806 und der Beteiligung an den Napoleonischen Kriegen. Dies gab einer breiten Reformbewegung aus Adel, Beamten und städtischen Bürgern den Anlass, ihre Kritik in die Öffentlichkeit zu tragen und sich Gedanken über eine Staatsreform zu machen. Auch der Landtag von 1811 wurde von einer vermehrten Veröffentlichung von Denkschriften begleitet. Ein ehemals preußischer Hauptmann und sächsischer Staatsbediensteter formulierte seine Kritik 1814 an den König und forderte die Reform des Staatswesens, die *ordentliche* Repräsentation des Volkes und die Abschaffung der Patrimonialgerichtsbarkeit. Allerdings versperrte er sich gegen die Beteiligung des Volkes an der Gesetzgebung, ob direkt oder durch dessen Vertreter. In weiteren Schreiben wird an diesen Punkten Anschluss gefunden, wobei auch die steuerrechtliche Bevorteilung des Adels angeprangert wurde. Aber niemand sprach sich für die Souveränität des Volkes aus. Niemand zweifelte am König als dem souveränen Oberhaupt des Staates, dem als einzigen die Staatsgewalt und die Gesetzgebungskompetenzen zugesprochen wurde[8]. In dieser Position war der König „unverletzlich" und „heilig", wie es später in der Verfassung unter §4 festgehalten wurde. Jedoch musste sich der König vor der Verfassungsgebung die Gesetzgebung noch nicht mit der Ständeversammlung teilen. Obwohl nun vom Landtag 1811 Anfangs große Erwartungen an eine Erneuerung ausgingen, konnte man sich bis zum Ende auf keine beschlussfähigen Reformen verständigen.[9]

Diese Apathie gegenüber Neuerungen im Staatswesen brach sich im besonderen an den zwei wichtigsten Personen im Land, dem „konservative[n] Traditionalist" König Friedrich August I. und dem ihm seit 1813 als Kabinettsminister zur Seite stehendem konservativen Detlef Graf von Einsiedel. Weder der König noch sein Kabinettsminister sahen die Notwendigkeit, die Einheit des

---

7 Vgl.: Bömelburg 2010: 824f.
8 Vgl.: Mester 2003: 54.
9 Vgl.: Gross 2008: 140f., dazu auch Müller 2008: 190f.

Sächsischen Staates durch eine Verfassungsgebung herbeizuführen. Dazu kam, dass Einsiedel seine faktische Macht ausbauen und seinen Einfluss auf den König vergrößern konnte. Dies geschah 1817 durch die Abstufung des Geheimen Konsilium zum beratenden Gremium. Nun Geheimer Rat genannt. Oberste Verwaltungsinstanz im Staats wurde das Geheime Kabinett, in dem Einsiedel zwei der drei Ressorts führte – das Außen- und das Innenministerium.[10] Während sich die Staatsregierung offen gegen eine Staatsreform aussprach, die Gründe hierfür müssen auch in der schwierigen außenpolitischen Lage Sachsens nach den Napoleonischen Kriegen gesucht werden, schritt die technische und ökonomische Entwicklung in Sachsen so rasant wie in keinem anderen Staat des Rheinbundes voran[11]. Diese Diskrepanz zwischen politischer Stagnation und wirtschaftlicher und sozialer Entwicklung wurde noch in die folgenden Jahre verschleppt, ehe eine neu politische Führung die notwendigen Reformen angehen sollte.

Im November 1819 wurden die Karlsbader Beschlüsse, die einstimmig im Frankfurter Bundestag angenommen wurden, im Königreich Sachsen in Kraft gesetzt. Damit einher ging die Einführung einer Zensur, dem Verbot von Burschenschaften und die staatliche Aufsicht über die einzige sächsische Universität in Leipzig. Ziel dieser Maßnahmen war die Niederhaltung oppositioneller Kräfte. Trotz dieses Überwachungssystems, das in Sachsen wie in anderen Ländern des Rheinbundes aufgebaut wurde, kam es im Königreich zu keinen vergleichbaren Demagogenverfolgungen wie in manchen Nachbarländern.[12] Während sich der Unmut über die Rückständigkeit des Staatswesens notgedrungen aufstaute, wurden nur zaghaft Reformvorschläge geäußert, wie zum Beispiel vom Leipziger Handelsstand der empfiehlt, dass die Landtagsfähigkeit weniger vom Grundbesitz, sondern von der „Höhe der Besteuerung von Städtischem Gewerbe"[13] abhängen solle.

Im Jahr 1827 stirbt dann König Friedrich August I. und sein Nachfolger wird der bereits 71-jährige Anton, der schnell klar machen kann, die Politik seines Vorgängers, mit welcher er sehr zufrieden war, fortzusetzen. König Anton galt als unselbstständiger König, dem jede Regierungs- oder Verwaltungserfahrungen fehlten. Er musste sich auf den erfahrenen Einsiedel verlassen, den er nach seiner Amtsübernahme in der Regierung behielt. Dies war nach außen alles andere als ein Zeichen des Aufbruchs. Doch hinter den Kulissen wurden auch hohe Staatsämter mit jüngeren und fähigen Beamten besetzt, die über die Probleme des Landes Bescheid wussten und gewillt waren, Reformen herbeizuführen.[14]

Im selben Jahr (1827) erscheint zum ersten mal die Zwickauer Wochenzeitung „Die Biene", die sich zum Ziel gemacht hatte, lokale Missstände durch öffentliche Kritik aufzudecken. Ihre Prinzipien orientierten sich an den Werten der Aufklärung: persönliche Freiheit, Glaubens- und Meinungsfreiheit, gerechte Lastenverteilung, Gleichheit vor dem Gesetz und eine ordentliche Volksvertretung. Ihr Herausgeber, der Theologe Karl Ernst Richter forderte von einem aufgeklärten

---

10 Vgl.: Fellmann 2000: 62,; Gross 2007: 191 und dazu auch Müller 2008: 190.
11 Müller 2008: 181, und ausführlicher zu den Gründen der wirtschaftlichen Dynamik Sachsen bei Müller 2008: 196-197.
12 Vgl.: Gross 2007: 192, dazu auch Naumann 1998: 183.
13 Müller 2008: 199.
14 Vgl.: Gross 2007: 195f., dazu auch Mester 2003: 55.

Monarchen, die notwendigen Reformen einzuleiten, da „die Staatsverfassung hinter dem sich entwickelnden bürgerlichen Leben zurückblieb"[15]. Die Biene konnte sich in kurzer Zeit als eines der wenigen Oppositionsblätter etablieren und bot eine öffentliche Plattform für die Artikulation von Kritik und Reformforderungen. Neben der schwierigen Lage der Bauern lagen weitere Schwerpunkte der Publikationen bei den Missstände im Justiz- und Verwaltungswesen. Der Landtagsabgeordnete Otto von Watzdorf fordert die Teilung der Gewalten nach dem Prinzip von Montesquieu in eine gesetzgebende, eine vollziehende und eine richterliche Gewalt. Albert von Carlowitz, der 1828 eine Referendarstelle in der sächsischen Verwaltung erhalten hatte, forderte 1829 in Die Biene „die Einführung einer wirklichen und einflussreichen Volksvertretung"[16]. Allerdings bleibt zu berücksichtigen, dass auch diese Zeitung der staatlichen Zensur unterlag, die im Verlaufe der weiteren Jahre immer stärker in die Publikationen eingreifen musste.

Im Juni 1830 kam es vor dem Hintergrund der Revolution in Frankreich und Anlässlich des 300. Jubiläums der Augsburgischen Konfession in Dresden zu ersten Unruhen unter Handwerkern, Gesellen und Händlern, die ihren Unmut gegen den Stadtrat richteten. Auslöser war die vermeintliche Bevorteilung des katholischen Hofes zu diesem Jubiläum durch die städtischen Behörden, obwohl die Bevölkerung mehrheitlich protestantisch war. Diese Revolte versuchte die zu aufwendigen Feierlichkeiten zu verhindern. Als im Juli 1830 der Landtag vom König geschlossen wurde, ohne dass die erwarteten Reformen zustande kamen, heizte sich die Situation zunehmend auf. Nach einem gewaltsamen Einschreiten der Leipziger Polizei gegen einen Polterabend am 02. September, zogen Studenten, Handwerker, Arbeiter und Gesellen erst durch Leipzig, später auch durch andere sächsische Städte wie Dresden und Chemnitz. Während in Leipzig der Polizeipräsident wie gefordert entlassen wurde, stürmten am 09. September in Dresden aufgebrachte Bürger das Rathaus und das Polizeihaus und verwüsteten Mobiliar und verbrannten Akten. Am darauffolgenden Tag wurde von König Anton eine Kommission zur „Wiederherstellung der Ruhe und Sicherheit" einberufen, dessen Vorsitz Prinz Friedrich August führte, der am 13. September auf drängen liberalerer Kräfte im Staat als Mitregent an die Seite König Antons gestellt wurde. Der politisch unbeliebte Kabinettsminister Einsiedel wurde entlassen. Seinen Posten übernahm der Geheime Rat Bernhard von Lindenau, der später maßgeblich an der Ausarbeitung der sächsischen Verfassung beteiligt war. Am 5. Oktober verkündete die neu gebildete, mit liberalen Kräften gefüllte Regierung, dass unverzüglich Veränderungen eingeleitet würden. Mit der Ausarbeitung eines Verfassungsentwurf wurden Carlowitz und Lindenau beauftragt. Diese beiden Verfassungsentwürfe wurden anschließend in der Regierung beraten, woraus ein neuer Entwurf hervor ging, der am 01. März 1831 dem Landtag zur Beratung vorgelegt wurde. Da die Regierung seit Oktober in Sachen Reformen nichts hatte von sich hören lassen, sorgte einer der liberalsten und demokratischsten Verfassungsentwürfe des im Dezember gegründeten Dresdner Bürgervereins für Aufsehen. Der Autor dieses Werkes war Bernhard Moßdorf, der sich mit dieser Arbeit eine 15-jährige Haftstrafe einhandelte. Auch der Dresdner

---

15 Mester 2003: 56.
16 Ebenda., Dazu noch zum Absatz „Die Biene" vgl.: Gross 2007: 195f. und Mester 2003: 55.

Bürgerverein wurde im April 1831 verboten. Um nur einige Punkte aus dem moßdorfschen Entwurf zu nennen, die über die bisherigen Forderungen hinaus gingen und für die Zeitumstände eher radikal und revolutionär waren. Die Prinzipien der Volkssouveränität und Gewaltenteilung fanden ihren Platz ebenso wie die „Abschaffung des Adels" beziehungsweise seiner Privilegien. Die Vorstellung dass sich der König die Kompetenz der Gesetzgebung mit einem Organ der Volksvertretung teilen müsse und gegenüber Gesetzesinitiativen des Landtags nur ein suspensives Vetorecht[17] besitze, empörte den königlichen Hof aufs ärgste.[18] Dies führte in der Konsequenz zu einer provozierten Verhaftungswelle, die sich gegen die Aktivitäten des Dresdner Bürgervereins richtete. Auch wenn solch ein Vorgehen durch die Karlsbader Beschlüsse legitimiert war, ist die Situation ein gutes Beispiel dafür, dass die Regierung wenig auf die öffentliche Meinung gab, speziell dann nicht, wenn diese Meinung die Herrschaft des Monarchen in Frage stellte.

Nach zähen Verhandlungen im Landtag über den vorliegenden Entwurf, trat am 04. September 1831 dann die neue Verfassung in Kraft.

Nun sollte man die Ereignisse welche die letzten Monate vor der schlussendlichen Verfassungsgebung begleiteten, nicht in eine eindimensionale Kausalität zwängen, die der Vielzahl vorherrschender gesellschaftlicher Widersprüche nicht gerecht würde. Es gab verschiedene Motivlagen, die sich lange aufstauten, gegenseitig ergänzen und in der hitzigen Zeit der Jahre 1830/31 entluden. Ungerechte Steuerlasten und allgemeine soziale Verwerfungen zwischen bevorteiltem Adel und lohnabhängigen Arbeitern, Tagelöhnern, Handwerkern und Gesellen eskalierten zu gewalttätigen Auseinandersetzungen. Studenten protestieren gegen die repressive Überwachung und Zensur. Handel- und Gewerbetreibende sahen in der Zollpolitik und den rechtlichen Rahmenbedingungen ein Hemmnis für die sächsische Ökonomie. Sächsische Bürger diskutierten öffentlich die Probleme ihres Landes und stritten über mögliche Lösungen. Eine reformorientierte Verwaltungselite nutzt die Unruhen und die bestehende Furcht vor Revolution als Chance, die immer noch ungelöste Verfassungsfrage anzugehen und die sächsische Verwaltung auf den Stand der Zeit zu bringen.[19] Eine schlimmere Eskalation konnten dann nur durch die „richtigen" politischen Entscheidungen abgewendet werden, auch wenn diese sehr spät kamen.

---

17 Damit könnte der König nur eine Verzögerung der Gesetzgebung bewirken, denn wenn der Landtag dieses Veto mit einer Mehrheit überstimmt, kann der Gesetzgebungsprozess fortgesetzt werden.
18 Vgl.: Müller 2008: 199f., Mester 2003: 56-58 und Gross 2007: 200-202.
19 Vgl.: Müller 2008: 200f., dazu auch Gross 2007: 200.

3 Elemente der politischen Teilhabe in der Sächsischen Verfassung von 1831

3.1 Die Ständeversammlung als Organ der ständischen „Volksrepräsentation"

Im Jahr 1833 trat zum ersten mal nach der Verfassungsgebung der Landtag zu seiner konstituierenden Sitzung zusammen. Die nun aus zwei Kammern bestehende Ständeversammlung sollte alle drei Jahre tagen, wobei außerordentliche Sitzungen lediglich vom König einberufen werden konnten. Ein eigenmächtiges zusammentreffen der Stände war untersagt (§115 SäVerf). Der Ersten Kammer gehörten jene an, die nicht gewählt, sondern qua Geburt, qua Amt oder qua Besitz zur Teilnahme berechtigt waren. Dazu gehörte der königliche Prinz, die Besitzer der Standesherrschaften durch fünf Vertreter, drei Vertreter geistlicher Stifte, der evangelische Oberhofprediger, der Superintendant von Leipzig, die Bürgermeister von Leipzig, Dresden und sechs Bürgermeister anderer Städte, die vom König ausgewählt wurden. Dazu kamen 22 Rittergutsbesitzer, davon wurden zwölf auf Lebenszeit als Abgeordnete gewählt und zehn vom König auf Lebenszeit ernannt (§63). Die Zweite Kammer, die 75 gewählte Abgeordnete der jeweiligen Stände umfasste, war in ihren Rechten der Ersten Kammer gleichgestellt (§62). Sie setzte sich aus 20 Rittergutsbesitzern, 25 Vertretern der Städte, 25 Vertreteren der Bauernschaft und 5 Vertretern des Handels und Fabrikwesens zusammen (§ 68). Alle Sitzungen des Landtags waren öffentlich, was den Abgeordneten eine gewisse Zeit der Eingewöhnung abverlangte. Besonders konservativen Abgeordneten missfiel die Beteiligung der Öffentlichkeit. Durch diese Maßnahme konnte der politische Zirkus zum ersten mal eine Transparenz erreichen, die doch den ein oder anderen Bürger für Stunden fesselte. Des weiteren wurden alle Verhandlungen protokolliert und die Protokolle gedruckt und veröffentlicht.[20] Die beratende Arbeit der Stände fand in vier Ausschüssen statt: der Verfassungsdeputation, der Finanzdeputation, der Deputation für ständische Beschwerden und Petitionen und der Deputation für Petitionen und Beschwerden aus der Bevölkerung.[21]

Zur Gesetzesinitiative war allein der König berechtigt. Den Ständen war es aber ermöglicht, Anträge für die Abänderung bestehender Gesetze oder den Erlass neuer Gesetze zu stellen (§85). Gesetzesinitiativen die eine Abänderung oder Erläuterung der Verfassung bedeuteten, konnten sowohl vom König als auch den Ständen eingebracht werden. Allerdings waren die Hürden für eine ständische Initiative sehr hoch. Für eine Beschlussfassung mussten mindestens drei Viertel der Mitglieder beider Kammern anwesend sein, wobei jeweils zwei Drittel der Anwesenden Mitglieder dem Antrag zustimmen mussten. Der Gesetzesantrag konnte dem König aber erst unterbreitet werden, wenn am unmittelbar darauffolgenden Landtag in einem weiteren Beschluss ein zweites mal dieses Abstimmungsergebnis erzielt wurde (§152). Gesetze konnten nur erlassen werden, wenn beide Kammern mit absoluter Mehrheit zustimmten. Falls diese doppelte Mehrheit nicht

---

20 Vgl.: Fellmann 2000: 93f., dazu auch Gross 1994: 405 und Blaschke 2002: 240.
21 Vgl.: Gross 2008: 205.

zustande kam, wenn also eine Kammer dem Gesetz zustimmte und die andere nicht, konnte ein „Vereinigungsverfahren" eingeleitet werden (§131), in dessen Rahmen eine Deputation aus Mitgliedern beider Kammern durch Verhandlungen versuchte, eine Einigung herbeizuführen. Gesetzentwürfe die von beiden Kammern abgelehnt wurden, konnten zum selben Landtag nur in deutlich abgeänderter Form wieder eingebracht werden (§95). Darüber hinaus war der Landtag dazu befähigt, über den Staatshaushalt zu beraten und zu beschließen (§97).[22]

Grundsätzlich muss die starke Stellung des Königs gegenüber den Ständen betont werden. Er war nach §4 der Sächsischen Verfassung das souveräne Oberhaupt des Staates und in seiner Person „heilig und unverletzlich". Daher konnte der König auch nicht durch die Stände abgesetzt werden. Im Gegenteil, der König konnte den Landtag auflösen und Neuwahlen veranlassen (§116). Dies machte eine Kontrolle der Regierung schwierig. Da aber der König bei allen Gesetzen und beim Haushalt auf die Zustimmung der Stände angewiesen war, kam es immer wieder zu Verhandlungen, die es den Ständen ermöglichten, ihre Positionen dem König nahe zu bringen. Ein weiterer Weg die Regierung zu kontrollieren, war die Ministeranklage. Alle Gesetzesvorhaben und Dekrete des Königs mussten von einem seiner Minister gegengezeichnet („contrasigniert") werden (§43). Somit war der jeweilige Minister direkt für die Auswirkungen des Gesetzes und die Politik des Königs verantwortlich und konnte im schlimmsten Fall von den Ständen vor ein ordentliches Gericht gezogen werden. Dies zwang den König dazu, seine Politik so zu gestalten, dass er immer einen Minister fand, der seine Politik unterstützte und für etwaige Konsequenzen einstand. Über diesen Umweg konnte eine gewisse Berechenbarkeit der monarchischen Herrschaft erwirkt werden.[23]

Während in der Ersten Kammer vor allem die mächtigen Gestalten des Landes und auch die politisch Erfahrensten vertreten waren, besonders der Adel als traditioneller Stand dominierte diese Kammer, wurde durch verschiedene Mechanismen eine politische Professionalisierung der gewählten Abgeordneten der Zweiten Kammer erschwert. Eher unscheinbar ist die Tatsache, dass die Sitzordnung der Abgeordneten der Zweiten Kammer nicht nach ihrer ständischen Zugehörigkeit eingeteilt war, sondern nach §76 entschied das Los über die Verteilung der Sitzplätze. Damit wollte man der Herausbildung von politischen Fraktionen entgegenwirken, was im übrigen von Prinz Johann gelobt wurde[24]. Die Wahlen zur Zweiten Kammer fanden alle alle drei Jahre statt, wobei lediglich ein Drittel der Abgeordneten gewählt wurde. Nach jedem Landtag schied ein Drittel der Abgeordneten aus, die bis zum nächsten Landtag durch neu gewählte Abgeordnete ersetzt wurden. Zwar konnten sich die entlassenen Abgeordneten sofort zum nächsten Landtag wiederwählen lassen, ihre Entlassung aus dem Landtag die durch das Los festgelegt wurde und nach insgesamt neun Jahren eintrat, erschwerte es den Abgeordneten aber ebenfalls, sich in Fraktionen zusammenzufinden und sich über die Zeit des alle drei Jahre tagenden Landtags

---

22 Vgl.: Jesteadt 1998: 29f., hierzu auch Mester 2003: 64f.
23 Vgl.: Jesteadt 1998: 23f.
24 Vgl.: Fellmann 2000: 92.

hinaus in Parteien zu organisieren.[25] Sowohl die relativ kurze Amtszeit von nur neun Jahren, die wenigen Sitzungen des Landtags alle drei Jahre, die unter §71 geregelte Inkompatibilität von Regierungsamt und Abgeordnetenmandat und die fehlende Entlohnung der Abgeordneten[26] führten dazu, dass kaum Anreize bestanden, sich außerhalb des Landtags zu organisieren und langfristig eine politische Karriere einzuschlagen. Hier war der moderne Parteienstaat, wie er das gegenwärtige politische Bild prägt, überhaupt noch nicht zu erkennen.[27] Eine schwierige Diskrepanz bestand auch in der Tatsache, dass die Stände nur alle drei Jahre zusammentraten, währenddessen der Haushaltsplan für jedes Jahr aufgestellt werden musste. Das bedeutete, dass alle drei Jahre der Haushalt für die kommenden drei Jahre aufgestellt wurde (§98), denn nach §96 durften die Abgaben an das Land nicht ohne die Zustimmung der Stände verändert werden. Diese langfristige Prognostizierung der staatlichen Einnahmen und Ausgaben auf Grundlage der vergangenen drei Jahre „erwies sich in der Praxis als weltfremd"[28], obwohl nach §106 die Bildung eines „Reservefond" vorgesehen war. Hinsichtlich der Vertretung des Volkes im Landtag bleibt festzuhalten, dass der Landtag nie dazu gedacht war das Volk zu vertreten. Schon aus der Selbstzuschreibung als „Ständeversammlung" geht hervor, dass lediglich die ökonomisch potenten Teile des Volkes und die lokalen Gewalten an der Politik und der Herrschaft beteiligt wurden. Auf das Thema der Exklusion wird im „Wahlrecht" noch näher eingegangen. Dass allerdings die Bauernschaft, der Handel und das Industriewesen nun auch als Stände angesehen wurden und ihren Platz in der Ständeversammlung erhielten, war ein Zugeständnis gegenüber liberalen Strömungen. Es verwundert nicht, dass der alte Adel in Form der Rittergutsbesitzer dennoch dominant blieb und sowohl in der Ersten als auch der Zweiten Kammer vertreten war. Es waren ja gerade die alten Stände,[29] die sich an den Beratungen über den Verfassungsentwurf beteiligten und wenig Interesse hatten, ihre alte Machtstellung preiszugeben.[30] Die Ständeversammlung bildete also in keinster Weise ein einigermaßen gleichmäßiges, proportionales Abbild der Stände in der Gesellschaft, denn demnach müsste es in Sachsen mehr Rittergutsbesitzer gegeben haben, als Bauern die diese Güter bewirtschafteten. Dies erscheint auch ohne tiefer gehende Quellenkunde als unwahrscheinlich.

3.2 Die Städteordnung von 1832 und das Recht der kommunalen Selbstverwaltung

Eine der Forderungen des Herbstes 1830 war die Verabschiedung einer allgemein gültigen Städteordnung, welche die Rechte der Kommunalräte einschränken, die Wahl des Stadtrates durch die Bürgerschaft ermöglichen und die Stadtangelegenheiten der Öffentlichkeit zugänglich

---

25 Vgl.: Mester 2003: 67, hierzu auch Schmidt 1977: 448.
26 Lediglich eine Aufwandsentschädigung wurde gezahlt.
27 Vgl.: Jesteadt 1998: 28f.
28 Fellmann 2000: 92.
29 Der alte Landtag von 1831 bestand noch aus drei Kurien: 1. Kurie – Prälaten, Grafen, Herren; 2. Kurie – ritterschaftliche Gutsherren; 3. Kurie – Vertreter der Städte (Vgl.: Mester 2003: 52).
30 Vgl.: Mester 2003: 63.

machen sollte. Solche oder ähnliche Punkte wurden unter anderem von Bürgern der Städte Dresden, Freiberg, Chemnitz und Plauen artikuliert. Die von König Anton am 10. September 1830 eingesetzte Kommission, kam am 16. September zu dem Ergebnis, dass sofort mit der Ausarbeitung einer Städteordnung zu beginnen sei. Da sich diese Städteordnung auf die rechtliche Grundlage einer Landesverfassung stützen sollte, erließ die damalige Regierung ein Mandat, das die Wahl provisorischer „Communenrepräsentanten" ermöglichte. Diese vorübergehenden Vertreter hatten zur Aufgabe, einerseits die Verwaltungsangelegenheiten zu kontrollieren, bis die neue Städteordnung in Kraft trat, auf der anderen Seite waren sie dazu berechtigt, an der Ausarbeitung und Beratung über die neue Städteordnung teilzunehmen und hierzu Anregungen und Wünsche aus der Bevölkerung an die Behörden weiterzuleiten.[31] Am 08. März 1831 wurde ein von Dr. Meißner und dem Geheimen Rat im Innenministerium Dr. Schaarschmidt ausgearbeiteter Regierungsentwurf der Ständeversammlung zur Beratung vorgelegt. Es zeigt sich, dass die Reform der kommunalen Ordnung in einem engen Zusammenhang zum Prozess der „Staatsreform" steht und deshalb als wichtiges Element der politischen Teilhabe hier diskutiert werden muss.

Bereits im frühen 18. Jahrhundert wuchs die Unzufriedenheit mit den kommunalen Vertretern, die relativ unbehelligt von der Öffentlichkeit und damit unkontrolliert über die Gemeindefinanzen verfügten. Das Vertrauen der Bevölkerung verloren die kommunalen Räte auch dadurch, weil sich lange Zeit eine Vetternwirtschaft etablieren konnte, die zwar um 1760 bereits weitgehend beseitigt war, aber das Verhältnis zwischen Räten und Bürgern nachhaltig beeinträchtigte. Dieser Vertrauensverlust drückt sich auch in einer Häufung von Klagen zum Beispiel gegen die Stadträte von Schöneck, Glashütte und Ehrenfriedersdorf aus. Diese Anklagen wurden im August 1829 in Die Biene veröffentlicht. Allerdings ist noch weitgehend unklar, ob die Anklagen wegen Veruntreuung öffentlicher Gelder und Vetternwirtschaft berechtigt waren, oder ob schlicht das fehlende kaufmännische Geschick einiger Räte zu diesen Anschuldigungen führte. Das eine gewählte Vertretung aber eine bessere und transparentere Verwaltung bringen würde, war die weitgehende Überzeugung der Bürgerschafen und beförderte weiteren Reformen.[32]

Zu den Beratungen über den Entwurf zur Städteordnung waren neben den alten Ständen nun auch die provisorisch gewählten Kommunalrepräsentanten zugelassen. Es waren nicht nur die großen Städte Dresden, Leipzig und Chemnitz, die Vertreter zu den Beratungen schicken konnten, sondern auch kleine Städte waren vertreten. Hierzu wurden aus allen vier sächsischen Kreisen jeweils zwei Städte bestimmt, die einen ihrer Repräsentanten zu den Verhandlungen delegieren sollten. Daneben waren auch die Stadträte als einer der alten Stände bei den Beratungen um die Staatsreform vertreten. Diese in der Dritten Kurie zusammengefassten Vertreter der Städte zeigten sich bei allen Reformbemühungen eher das „beharrende Element". Von Anfang an sprachen sie sich gegen jede Reform aus, die eine Vereinheitlichung der kommunalen Verfassungen

---

31 Vgl.: Stange 2006: 3f., hierzu auch Ulbricht 2000: 206.
32 Vgl.: Ulbricht 2000: 208f.

herbeiführt, die Dualität zwischen Gemeinden und Staat klar regelte[33] und die Verwaltung der Öffentlichkeit zugänglich machte. Hier zeigt sich mit welchen Interessen und welchem Selbstverständnis die Kurie der Städte ihre Gemeinden vertrat. Es war eine privilegierte und abgehobene Schicht, die nicht das Wohl der Gemeinde ins Auge fasste, sondern primär die Wahrung des eigenen Besitzstandes verfolgte. Regierungsvertreter und die reformorientierten „Communrepräsentanten" waren die eigentliche Kraft, welche die Reform der kommunalen Selbstverwaltung voran brachten.[34]

Mit der Einführung der Allgemeinen Städteordnung am 02. Februar 1832 konnten die Bürger ihren *Stadtrat* frei wählen. „Dieser hatte die Stadtgemeinde in ihren Rechten und Verbindlichkeiten zu vertreten und musste städtische Verträge und Geschäfte vollziehen."[35] Als Obrigkeit der Stadt und als unterstes Organ der Staatsgewalt waren die Bürger dem Stadtrat „untergeben und zu gehorsam verpflichtet". Das erste Mitglied des Stadtrates nannte sich *Bürgermeister* und wurde auf Lebenszeit gewählt. Alle anderen Mitglieder des Stadtrates wurden für die Dauer von sechs Jahren gewählt, wobei alle zwei Jahre ein Drittel der Ratsmitglieder ausschied und diese offen gewordenen Stellen mit neu gewählten Vertretern besetzt wurden. Wie bei den Wahlen zur Ständeversammlung konnten sich Ratsmitglieder sofort wieder wählen lassen, wenn sie nach einer Amtszeit von sechs Jahren ausschieden. In größeren Städten wurden die Mitglieder des Stadtrates direkt durch den *größeren Bürgerausschuss* gewählt. In kleineren Städten erfolgte die Wahl durch die *Stadtverordneten*. Die Stadtverordneten hatten ihre Aufgaben vorrangig in der Kontrolle und Beratung des Stadtrates. Hierfür waren sie zur Einsichtnahme in Urkunden, Akten und Rechnungen befähigt. Vorgesehen war, dass in einer Stadt neun Stadtverordnete und sechs Ersatzmänner bereit standen, wobei jedes Jahr ein Drittel der Stadtverordneten durch die Bürger neu gewählt wurde. Somit ergab sich eine Amtszeit von 3 Jahren. Der größere Bürgerausschuss bestand aus den gewählten Stadtverordneten und der gleichen Anzahl weiterer, ebenfalls gewählter Bürger. Neben der Wahl des Stadtrates war es die Aufgabe des Bürgerausschusses, den Stadtrat in besonderen Angelegenheiten[36] zu beraten. Hierzu besaß der Bürgerausschuss auch ein Beschlussrecht, womit ihm direkte Entscheidungsbefugnisse übertragen wurden. Während die Stellen der Stadtverordneten und des Bürgerausschusses generell ehrenamtlich waren, wurde der personelle Umfang und die Besoldung des Stadtrates durch die jeweiligen Ortsstatuten festgelegt.[37] So geht aus den Ortsstatuten der Stadt Groitzsch hervor, dass der Bürgermeister mit 20 Talern jährlich (Art. 39), der Ratsprotokollant mit 100 Talern (Art. 40), der Ratsdiener mit 16 Talern (Art. 36) und der Stadtkassierer mit 20 Talern (Art. 35) entlohnt wurden.[38]

---

33 Der Stadtrat war einerseits Verwalter der Gemeindeangelegenheiten und gleichzeitig ein Organ der obersten Staatsgewalt.
34 Vgl.: Ulbricht 2000: 206, 212.
35 Stange 2006: 5
36 Hierzu gehören unter anderem der Erwerb oder die Veräußerung von Gemeindegrundstücken, Kreditaufnahme oder die Veränderung der Stadtverfassung.
37 Vgl.: Stange 2006: 4-6.
38 Vgl.: Ebenda: 37f.

4 Ein Exklusives Wahlrecht

Mit dem Prozess der Staatsreform setzt auch ein Prozess der Demokratisierung sowohl auf Landes- als auf Kommunalebene ein, der hier seinen Anfang fand. Zeitgenossen der Staatsreform stritten aber zum Teil heftig über das Wahlrecht, was einen strengen Zensus vorsah.[39] Zwar waren die Wahlen zur Zweiten Kammer der Ständeversammlung und die Kommunalwahlen „frei" und auch „geheim", aber in keinster Weise lässt sich von „gleichen" oder „allgemeinen" Wahlen sprechen.[40]

Die Wahlen zur Zweiten Kammer des Landtags waren in erster Linie an das Ständewesen gebunden. Das heißt, wer sich nicht durch einen Stand im Landtag vertreten sah, war generell von der Wahl ausgeschlossen. Hierzu gehörten die großen Gruppen der nicht-bäuerlichen Dorfbevölkerung[41], lohnabhängigen Arbeiter und der Tagelöhner, aber auch die städtische Unterschicht war durch keinen Stand vertreten und somit nicht zur Wahl zugelassen. Da ohnehin nur die männliche Bevölkerung ab 25 Jahren Lebensalter eine „Stimme" besaß, wenn sie über Grundbesitz verfügten oder eine gewisse jährliche Steuersumme nachweisen konnten, waren „Häusler" und Arbeiter auch aufgrund ihrer Steuerbefreiung von den Wahlen ausgeschlossen. Weitere Exklusionskriterien liefert §74 der Sächsischen Verfassung, wonach „unter Curatel stehende", Schuldner, Vorbestrafte oder Angeklagte nicht wählen und auch nicht gewählt werden durften. Der Begriff Curatel meint, dass eine Person unter der Aufsicht eines Vormundes, eines Kurators stehe, weil diese Person nur beschränkt geschäftsfähig ist. Hierunter fielen auch die meisten Frauen, da diese der Geschlechtsvormundschaft unterstanden. Zum Teil waren alleinstehende Frauen von der männlichen Vormundschaft entbunden, was aber nur auf eine kleine Gruppe zutraf.[42] Auch Juden, Almosenempfänger, suspendierte Beamte und Steuerschuldner waren nicht wahlberechtigt. Als Abgeordnete wählbar waren alle Männer ab 30 Jahre, die über Grundbesitz verfügten, die sächsische Staatsangehörigkeit besaßen und im Wahlkreis wohnten, in dem sie sich zur Wahl aufstellten. Stadtbürger die über keinen Grundbesitz verfügten, mussten ein Mindestvermögen von 6000 Talern nachweisen, um sich zur Wahl aufstellen zu lassen. Bauern die als Abgeordnete in die Ständeversammlung ziehen wollten, hatten eine jährliche Steuerleistung von mindestens 30 Talern zu erbringen. Eine solche Steuersumme konnten aber nur Großbauern aufbringen.[43] Die Wahlberechtigung und Wählbarkeit erfolgte also nach gewissen Prinzipien: die *„Ansässigkeit"* von Bürgern drückt sich in ihrer Ortsmäßigen Bindung durch den *Besitz von Grundboden* aus. Daraus lässt sich auch eine gewisse *wirtschaftliche Leistungsfähigkeit* ableiten. Diese ständische Bindung des Wahlrechts und die

---

39 Jesteadt 1998: 28.
40 *Freie* Wahlen meint, dass niemand gezwungen wird zur Wahl zur gehen und dass die Kandidaten nicht beeinflusst wurden. Eine Wahl ist *geheim*, wenn niemand außer der Wähler erfährt, was er gewählt hat. Bei einer *gleichen* Wahl verfügen alle Wähler über das selbe Stimmengewicht und *allgemein* ist eine Wahl wenn *alle* Bürger berechtigt sind, zur Wahl zu gehen und ihre Stimme abzugeben, unabhängig von Geschlecht, Herkunft oder Einkommen.
41 Die sogenannten „Häusler" verfügten nur über ein kleines Haus und ein wenig Boden, der aber nicht die Familie ernähren konnte. Sie gingen meist anderen Berufen nach und standen in einem Lohnverhältnis.
42 Vgl.: Blaschke 2002: 240, hierzu auch Mester 2003: 67.
43 Vgl.: Schmidt 1977: 447.

damit verbundenen Hürden waren auch zum Teil für Ärzte, Professoren, Kaufleute, Advokaten, Gelehrte und Angestellten des Zivil- oder Militärdienstes zu hoch, als das ihnen eine Stimme zugestanden hätte.[44] Diese Bindung des Wahlrechts an Grundbesitz oder ein gewisses Vermögen verdeutlicht, dass *allgemeine* Wahlen noch in weiter ferne waren und sich die Abgeordneten aus eher privilegierten und besitzenden Schichten rekrutierten. Dass die Wahlen zur Zweiten Kammer auch keine gleichen Wahlen waren, dass also einige Wähler ein höheres Stimmgewicht besaßen als Andere, lässt sich gut am Beispiel der Rittergutsbesitzer zeigen. Ein Gutsbesitzer konnte sich einerseits in die Erste Kammer delegieren lassen, er konnte aber auch als Abgeordneter in die Zweite Kammer gewählt werden. Verfügte sein Rittergut über einen Bauernhof, und so war es auch meist der Fall, konnte der Gutsbesitzer sowohl die Rittergutsbesitzer der Ersten Kammer, die Vertreter des Bauernstandes als auch die Vertreter des Standes der Rittergutsbesitzer der Zweiten Kammer wählen. Somit hatten die Gutsbesitzer neben einer „Mehrfachstimme" auch gleichzeitig eine erhöhte Chance, als ständische Vertreter in den Landtag einzuziehen.[45]

Ähnlich begrenzt gestaltet sich das kommunale Wahlrecht, hier spielt allerdings die Ständezugehörigkeit keine direkte Rolle mehr. Zu den *Mitgliedern einer städtischen Gemeinde* kann sich jeder „selbstständige" Bürger zählen, der sich auf dem Gebiet der Gemeinde aufhält beziehungsweise dort wohnhaft ist oder wer Grundeigentum in der Gemeinde besitzt, ohne darin zu wohnen. Neben der lokalen Bindung und dem Grundbesitz wird hier mit der „Selbstständigkeit" eine weitere Bedingung vorausgesetzt, um als Gemeindemitglied zu gelten. Wer wegen seines Alters, des Geschlechts oder seiner persönlichen Abhängigkeit unter Vormundschaft stand, war also nicht selbstständig und daher auch kein Teil der „Gemeinde". Wer das Bürgerrecht erlangen wollte, musste darüber hinaus dem christlichen Glauben verbunden sein, anstelle des Grundbesitzes konnte auch ein gesichertes Auskommen vorgewiesen werden und man musste in der Stadt wohnhaft sein oder ein *Gewerbe in der Stadt* betreiben. Wer eine Grundstück in der Gemeinde erwerben oder einer selbstständigen Tätigkeit nachgehen wollte, musste das Bürgerrecht erwerben. Künstler, Lehrer, Advokaten und Ärzte waren ebenfalls verpflichtet, das Bürgerrecht zu erwerben. Dagegen brauchten Staatsdiener, Angestellte des Hofes, sowie Schul-, Militär- und Kirchenbeamte das Bürgerrecht nicht zu erwerben. Auch Bürger die von ihrem Vermögen lebten, waren von dieser Pflicht befreit. Explizit vom Bürgerrecht ausgeschlossen waren unqualifizierte Arbeiter, ortsansässige und selbstständige Handwerker ohne Meisterqualifikation und nicht selbstständige Gewerbetreibende. Damit konnten auch alleinstehende Frauen das Bürgerrecht erwerben, die unter keiner Vormundschaft standen. Mit dem Bürgerrecht erwarb man auch das Wahlrecht. Für die eigene Wählbarkeit zum Stadtvertreter und die Beteiligung an der Verwaltung städtischer Angelegenheiten war jedoch das *„bürgerliche Ehrenrecht"* notwendig. Dieses Recht konnte nicht erworben werden von Frauen allgemein, nicht Ortsansässigen, Steuerschuldnern, Almosenempfängern, unter Vormundschaft stehenden Personen, suspendierten Staatsbediensteten und Juristen, im Konkursverfahren stehenden Personen, eines Verbrechens

44 Vgl.: Mester 2003: 68.
45 Vgl.: Ebenda: 67.

angeklagten oder verurteilten Personen und Personen die aus dem Militär „entfernt" wurden.[46] Am Beispiel der Stadt Groitzsch zeigt sich, dass zusätzlich für die Erlangung des Bürgerrechts und damit auch des Stimmrechts von jedem Einwohner einmalig 5 Taler in die Stadtkasse, 10 Groschen und 6 Pfennige an die Rittergutsherrschaft, 1 Taler und 16 Groschen in die Schulkasse und etwas in die Armenkasse zu zahlen waren (Art. 11). Fremde mussten etwas mehr bezahlen.[47]

Sowohl beim Landes- als auch dem Kommunalwahlrecht folgten die Beschränkungen primär dem Gedanken, wer sich wirtschaftlich nicht an der Gemeinschaft beteiligen konnte, hatte auch kein Recht darauf, sich an der Politik und der Verwaltung zu beteiligen, ob als Wähler oder gewählter Vertreter. In diesem Sinne lebt auch das Ständewesen auf kommunaler Ebene fort, gleichwohl die Konturen zwischen den „Ständen" sich bereits aufgelöst hatten. Hiermit konnte der fortschreitenden gesellschaftlichen Differenzierung zumindest auf lokaler Ebene ein Stück weit Rechnung getragen werden. Es wäre aber verkürzt zu sagen, dass nur die „sozioökonomische Potenz" der Gradmesser für eine politische Teilhabe war. Frauen waren zum Beispiel durch eine Reihe rechtlicher Hürden in die Unselbstständigkeit gezwängt wurden, obwohl ihre tatsächliche Leistung für die Gemeinschaften sich nicht in Zahlen ausdrücken lässt. Eine Lockerung des Zensus erfolgte erst mit weiteren Reformen des Wahlrechts, obwohl die „dingliche Bindung"[48] des Wahlrechts an den Besitz nie wirklich aufgegeben wurde. Um die Wirkung des Wahlrechts hinsichtlich personeller Kontinuität oder Einflussnahme von Außen beurteilen zu können, wären aber noch weitergehende, lokale Studien nötig.

5 Resümee

Man kann es Karlheinz Blaschke nicht verübeln, wenn er mit der Verfassungsgebung und der angeschlossenen Staatsreform eine neue Epoche beginnen sieht, denn das die politische Herrschaft und die städtische Verwaltung zum Teil in die Hände von gewählten Vertretern gelegt wurde, lässt rückblickend einen vorsichtigen Prozess der Demokratisierung erkennen, der allerdings weit davon entfernt war, das Volk als Souverän zu benennen. Manche Zeitgenossen waren in ihrem Denken dem tatsächlichen politischen Handeln bereits voraus und hätten gerne gesehen, dass sich das politische System dem Volk weiter öffnet, als es letztendlich der Fall war. Man muss auch bedenken, dass die Vorbehalte hinsichtlich einer Volksvertretungen sehr tief saßen und sich die Herrschenden auf Neuland begaben, als sie dem Volk einen Teil der politischen Macht verfassungsrechtlich zusicherten. Dies erkennt man gut an dem umfangreichen Katalog an Benimmregeln für die Abgeordneten der Ständeversammlung, der sich hinter §83 der Sächsischen Verfassung verbirgt und dem letzten Artikel des Begleitgesetz[49], mit dem die Allgemeine

---

46 Vgl.: Ulbricht 2000: 212f.
47 Vgl.: Stange 2006: 30f.
48 Ulbricht 2000: 213.
49 Dieses Publikationsgesetz ist bei Ulbricht 2000: 214 abgedruckt.

Städteordnung verabschiedet wurde. Die Vorstellung vom „wütenden Pöbel" war in den Köpfen der politischen Elite sicher präsenter als die des „aufgeklärten Bürgers". Bei allen Reformen scheint auch ein bewahrender Anspruch mit zu schwingen, besonders wenn es um die Bewahrung des monarchischen Prinzipes geht. Das Ergebnis waren vorsichtige Reformen, die organisch an das Bestehende anschlossen und stets zwischen Tradition und Innovation oszillierten.

6 Quellenverzeichnis

VERFASSUNGSURKUNDE des Königreichs Sachsen, letzte Aktualisierung: 03.01.2004, URL: http://www.documentarchiv.de/nzjh/verfsachsen.html, Zugriff am: 03.08.2011.

7 Literaturverzeichnis

BLASCHKE, Karlheinz: Landstände, Landtag, Volksvertretung. 700 Jahre politische Mitbestimmung im Land Sachsen, in: SCHIRMER, Uwe/THIEME, André (Hrsg.): Beiträge zur Verfassungs- und Verwaltungsgeschichte Sachsens. Ausgewählte Aufsätze von Karlheinz Blaschke. Leipzig 2002 (Schriften zur Sächsischen Geschichte und Volkskunde, Band 5), S. 229-243.

BLASCHKE, Karlheinz: Die sächsische Verfassung von 1831 als Epochengrenze, in: SCHIRMER, Uwe/THIEME, André (Hrsg.): Beiträge zur Verfassungs- und Verwaltungsgeschichte Sachsens. Ausgewählte Aufsätze von Karlheinz Blaschke. Leipzig 2002 (Schriften zur Sächsischen Geschichte und Volkskunde, Band 5), S. 575-587.

BÖMELBURG, Hans-Jürgen/HAUG-MORITZ, Gabriele: Stand, Stände, in: JAEGER, Friedrich (Hrsg.): Enzyklopädie der Neuzeit. Band 12. Silber - Subsidien. Stuttgart/Weimar 2010, S. 824-849.

BROCKHAUS. Die Enzyklopädie. In 24 Bänden. Band 23. Vall – Welh. 20. überarbeitete und aktualisierte Auflage, Leipzig/Mannheim 2001 (Weltbild Studienausgabe).

FELLMANN, Walter: Sachsens Könige. 1806 bis 1918. Berlin 2000.

GROSS, Reiner: Verfassungen deutscher Territorialstaaten zwischen 1816 und 1831. Ernestinische Staaten und Königreich Sachsen im Vergleich, in: JOHN, Jürgen (Hrsg.): Kleinstaaten und Kultur in Thüringen vom 16. bis 20. Jahrhundert. Weimar/Köln/Wien 1994, S. 395-406.

GROSS, Reiner: Geschichte Sachsens. Leipzig, 4. erweiterte und aktualisierte Auflage 2007.

GROSS, Reiner: Reformbestrebungen in Kursachsen während der napoleonischen Zeit, in: MARTIN, Guntram/VÖTSCH, Jochen/WIEGAND/Peter (Hrsg.): Geschichte Sachsens im Zeitalter Napoleons. Vom Kurfürstentum zum Königreich 1791-1815. Beucha/Dresden 2008, S.137-144.

HOLTMANN, Everhard (Hrsg.): Politik-Lexikon. 3. völlig überarbeitete und erweiterte Auflage, München/Wien 2000.

ISMAYR, Wolfgang: Volkssouveränität, in: HOLTMANN, Everhard (Hrsg.): Politik-Lexikon. 3. völlig überarbeitete und erweiterte Auflage, München/Wien 2000, S. 748-751.

JESTEADT, Christoph: Die sächsische Verfassung von 1831, in: PFEIFFER, Thomas: Sachsen als Verfassungsstaat. Leipzig 1998, S. 11-43.

MESTER, Georg: Die Volksinitiative in Sachsen . Ein Beitrag zur verfassungsgeschichtlichen und verfassungsrechtlichen Entwicklung des legislativen Einleitungsverfahrens seit der Verfassung von 1831. Frankfurt am Main 2003.

MÜLLER, Winfried: Zwischen Stagnation und Modernität. Sachsens Weg zur Verfassung von 1831, in: SCHMID, Alois (Hrsg.): Die bayerische Konstitution von 1808. Entstehung. Zielsetzung. Europäischen Umfeld. München 2008 (Zeitschrift für Bayerische Landesgeschichte, Beiheft 35), S. 179-209.

NAUMANN, Günter: Sächsische Geschichte in Daten. 3. überarbeitete Auflage, München 1998.

SCHMIDT, Gerhard: Der Sächsische Landtag 1833-1918. Sein Wahlrecht und seine scziale Zusammensetzung, in: GROSS, Reiner/KOBUCH, Manfred (Hrsg.): Beiträge zur Archivwissenschaft und Geschichtsforschung. Weimar 1977, S. 445-465.

STANGE, Hartmut: Die Einführung der Städteordnung in Groitzsch. Radebeul 2006.

ULBRICHT, Gunda: Die Reform der Einwohnervertretung durch die Allgemeine Städteordnung vom 2. Februar 1832 und die Landgemeindeordnung vom 7. November 1838, in: SCHIRMER, Uwe (Hrsg.): Sachsen. 1763 – 1832. Zwischen Rétablissement und bürgerlichen Reformen. 2. Auflage, Beucha 2000 (Schriften der Rudolf-Kötzschke-Gesellschaft, 3), S. 206-221.